JN320116

超訳　聖書の言葉

白取春彦

GENTOSHA

まえがき

聖書は世界でもっとも売れている書物だという。しかし、もっとも売れているということはもっとも読まれていることを直接に意味しているわけではない。おそらく現実的には、もっとも多くの人がその名前と背表紙を見たことがある書物がこの聖書という本だと言うべきだろう。

にもかかわらず、聖書は世界の現代文化の最大の源泉になっている。このような書物は聖書をおいて他にない。また、ほぼ二千年前から聖書の内容やその教えが多くの人を圧倒し、歴史を動かしてきた。

その影響力は圧倒的なもので、キリスト教を嫌う人でさえ、聖書から重要なインスパイアを受けてきた。たとえば、二十世紀アメリカの有名作家アーネスト・ヘミングウェイはキリスト教を嫌悪しながらも聖書をよく読んでいて、彼の代表小説『日はまた昇る』の題名は聖書の『コヘレットの書』の第1章から採られている。

イギリスの詩人バイロンは道徳的な生活からはほど遠い生き方をした人だが、彼の長編詩の題材は聖書であり、彼はふだんから聖書に精通していた。他に音楽や美術など文化のほとんどへの影響をかんがみれば、聖書はまさしく神的な書物というほかないだろう。

本書は、その聖書から抜粋した文章を〝超訳〟したものである。

文章抜粋の基準は、聖書という従来のイメージにそぐわないような文章、前後の脈絡を知らなくてもそれだけで理解できるような文章、宗教的な臭いのしないような文章、聖書らしくない印象を与える叙述、私の好きな文章、といったものだ。

そのような選び方をしたのは、たんに聖書から有名な句を抜粋して並べるのならば、すでに昔から多く出ている聖書の名言集のたぐいと少しも変わらないからである。信仰に興味があるならば、あるいは純粋に聖書の言葉に興味がある方はそちらを読むべきだろう。いや、まずは聖書そのものをじっくりと読むべきだろう。それはそれで大いなる効果がある。少なくとも、自分の人生を一変させることになる。

本書はむしろ、聖書の名だけ知っていていつかは中身を読んでみたいけれど面倒だな（実際に一日に三時間を聖書の読書にあてると、最後の一字までたった一回だけ読む場合でも最短で三カ月かかる）と思っているような人々に向けられている。つまり、聖書に対して先入観を持っていない人々に向けた言葉の選別になっている。だから、本書の頁を少しめくってみただけでわかるように、さまざまな次元の文書を掲載している。それだけ大きな懐《ふところ》を聖書が持っていることを見せるためにである。

たいがいの人は、聖書という名前を聞くだけで、中にはご立派なことや真面目な教えがたくさん書かれているのだろうな、と勝手に想像している。その想像や思い込みを本書はことごとく打ち破るだろう。

聖書に記されていることは真面目な教えどころか、人間の愚かさがほとんどである。そして、愚かな人間に対する神の愛が夜空の星のようにきらめいている。その愛の表現がさまざまな文章で綴《つづ》られているのである。

聖書は、いわゆる一冊の書物ではない。一般的には、約66巻（カトリック教会が認める聖書は全72巻）の文書の全体を指して聖書と呼ぶことになっている。

最初の聖書は紀元一世紀頃に文書としてまとめられた巻物のことだが、これはユダヤ教の正典として編纂《へんさん》された。内容は紀元前数世紀前から口承で伝えられてきた神の言葉を編纂したもので、「トーラー」（あるいはターナッハと総称される）と呼ばれるヘブライ語聖書である。これは現在の日本では旧約聖書と呼ばれている。

キリスト教はこの聖書に主にギリシア語で記された27巻の文書（新約聖書）を紀元二世紀頃までに加えて全体を聖書と呼び、キリスト教の正典とした。ただし、ユダヤ教はキリスト教の新約聖書を聖書だとは認めていない。

聖書とユダヤ教、キリスト教、イスラム教の関係は複雑である。そのあたりをもっと詳しく知りたい方は、拙著『今知りたい世界四大宗教の常識』や『この一冊で「聖書」がわかる！』を参考にしていただきたい。

初めて私が聖書を読み始めたのが十五歳のときだった。その後、思想書や評論や文学の本に没頭し、二十歳のときからは没頭して聖書を読み始めた。

聖書を読んでもっとも役立ったのは、物事の理解がかつてよりは容易になったということだ。なぜならば、この現代世界の文化の基礎に聖書があるからだ。

西欧の芸術と文学はもちろん、西洋の大衆映画を観る場合でも聖書は役立つ。セリフ、ストーリー、結末に聖書の記述がしばしば応用されているからだ。鯨《くじら》に呑まれるピノキオの着想が「ヨナの書」から採られているのは明らかだし、ホラー映画のゾンビの発想すら聖書の死人復活の記述から発想されている。

現代世界の倫理と法、生活習慣についてはほとんどが聖書に起源を持っている。たとえば、法の遵守はもちろん、性の倫理、婚約という考え方、一夫一婦制、報復の禁止、「母の日」すら聖書起源だ。聖書の伝統に負っているというよりも、聖書の考え方を発想の起点としている。キリスト教圏で遺体を焼かないのも、新約聖書に記されている死人の蘇《よみがえ》りに可能性を賭けているからだ。

思想もまた同じだ。ほとんどが聖書にインスパイアされている。あるいは、聖書の思想を前提にしたうえで人間や社会の考察がなされている。だから、たとえば聖書をまったく知らずして西洋哲学を理解することは困難なことになる。

だから、私にとって聖書を読み続けることは、基礎教養をさらに深めながら世界を知っていく作業となるわけだ。

ところで、聖書が世界形成の基礎になっているのは、キリスト教が執拗な宣教流布と政治、武力などで世界を席捲《せっけん》したからだと考える向きもある。そうであるならば、信者の公称人数がキリスト教を凌駕《りょうが》した現代においてはイスラム教の倫理思考がすでに世界を圧倒していてもいいはずであろう。

なのに聖書の倫理思想がなおも世界を根底から支えているのは、それが人間倫理として普遍的な妥当性を持っているからだ、と私は思う。これは、イスラム教で聖典とされている『コーラン』と『ハディース』を読んだうえでの感慨である。


聖書の主題を一言にまとめてしまうならば、それは「愛」というしかないだろう。あらゆる文章形式において、神の愛の多彩な様相が描かれているのが聖書だと私は思う。

かつては、旧約聖書の神は怒れる神であり、一方の新約聖書の神はやさしい神である、などと説明されることがあった。私も若いときはそう感じていたが、聖書を四十年読んできて、どちらも愛の神だという印象を今は持っている。

しかし、愛の神という言い方はあまりにも詩的かもしれない。また、「神」という日本語の響きと語の由来は正確な理解を妨げるだろう。なぜならば、日本語の神とはつまるところ「お上」である将軍や天皇を指しているからだ。だから、神棚や神社にまつられている神は暴力的な支配力を持った人間のことになる。

では、聖書における神とは何か。それは人格を持った存在であり、いっさいを創造する者のことだ。しかし、この説明も詩的、抽象的であることに変わりはない。言語表現はすべて抽象的なものだということをさしおいてもだ。

すると、神についてどのように表現できるのか。おそらく、不可能だろう。もし神が本当に世界を創造した存在であるならば、その被創造物の一つである人が神を言い表すことはできない。また、言い表すことができるのだとしたら、言い表されたものは神ではないことになるだろう。

おそらく、聖書全体によって神が語られている。にもかかわらず、新約聖書に収められているいくつかの手紙類は神については、神は愛だと述べている。神の別称が愛なのである。それは性愛をも含んだ大きな意味の愛である。

その意味で、天国も神の国も愛ある場所の言い換えとして描かれている。人間が二人以上そこにいて愛があるならば、そこは天国であり神の国なのだ。天の国というのは空想的な概念ではないし、物理的に空高くにある見えない場所でもないのだ。

よって聖書では、罪とは互いに愛しあわないことだといえる。愛しあわないのは神の意思にそむくことだからだ。信仰とは神を拝むことではなく、人が互いに愛しあうことなのだ。そうなったときのことを、神の国の到来と呼んでいるのだ。

そのような愛がいかに深く広く多彩に聖書で表現されているか、そのほんの一端を本書では紹介しているつもりである。

平成二十三年六月　　白取春彦

注　聖書の引用章名は一般の聖書とは異なっている。たとえば、「マタイによる福音書」は「マテオによる福音書」と記載している。これは主にカトリックで用いられる『聖書』フェデリコ・バルバロ訳に倣っているからである。

超訳　聖書の言葉　目次

まえがき ▼ 3

人生の苦難と果実

001 悲しみに流されるな ▼ 26
002 決して裏切らない希望 ▼ 27
003 ふりかかる災難 ▼ 28
004 明日になったら考える ▼ 29
005 理不尽な世の中 ▼ 30
006 まだ見ていないこと ▼ 31

007 かつて起きたことはまた起こる ▼32
008 時代を見分ける ▼33
009 仕事は楽しく ▼34
010 勤勉な人は大きな力を持つ ▼35
011 謙遜な人であれ ▼36
012 探し求める人にだけ与えられる ▼37
013 子どもがいなくても徳を残せ ▼38
014 自分をまず変えよ ▼39
015 欲望をコントロールする ▼40
016 人の上に立つ人とは ▼41
017 仕事と事業に成功するには ▼42
018 豊かすぎても、貧しすぎても ▼43
019 作物を刈り尽くしてはならない ▼44
020 他人についてあれこれ言うな ▼45
021 生きていてこそ ▼46

022 人に損害を与えない商いをする ▼47
023 金持ちは豊かではない ▼48
024 あなたの言葉があなたの人生を決める ▼49
025 歩き方でその人がわかる ▼50
026 裁きや判断は公平に ▼51
027 人生とはこんなもの ▼52
028 よい顔と悪い顔 ▼53
029 耳にしたことを言いふらすな ▼54
030 金銭ゆえの罪 ▼55
031 なぜ愚かなことを口走るのか ▼56
032 倹約ばかりして貧しくなる ▼57
033 兄弟を助ける ▼58
034 人の口から出たものが人をけがす ▼59
035 快楽や富を人生の目的にするな ▼60
036 蛇であり、鳩であれ ▼61

037 自分の目に見えるものだけ ▼ 62
038 子どもと大人 ▼ 63
039 健康な胃のために ▼ 64
040 自分をかいかぶるな ▼ 65
041 二つの悲しみ ▼ 66
042 喜んで多くを与えよ ▼ 67
043 あわれみを持つ ▼ 68
044 金にとらわれる心 ▼ 69

善と悪と愚

045 野に咲く花ほどもはかない ▼ 72
046 人生の始まりは泣き声 ▼ 73
047 光あるうちに歩け ▼ 74

048 必要なものはすべて与えられている ▼ 75
049 まちこがれた平安 ▼ 76
050 柔らかな言葉は何より強い ▼ 77
051 怒らずに耐えよ、うぬぼれるな ▼ 78
052 人間の外側と内側 ▼ 79
053 良い木は良い実をつける ▼ 80
054 神のものは神に返す ▼ 81
055 頑なな心を切り捨てよ ▼ 82
056 羊を守る羊飼い ▼ 83
057 わが良心のままに ▼ 84
058 知識をひけらかす知恵なき者 ▼ 85
059 自分の利だけをはかる者 ▼ 86
060 善を憎み、悪を好む者 ▼ 87
061 死と悪魔の体験 ▼ 88
062 悪に染まった者たち ▼ 89

063 人間の七つの大罪 ▼ 90
064 世界の最初に存在したもの ▼ 91
065 知恵ある者の言葉 ▼ 92
066 魂は生きる ▼ 93
067 心を支配しているものは何か ▼ 94
068 すべては見通されている ▼ 95
069 心をこめて行なう ▼ 96
070 祝福を大切に ▼ 97
071 深く痛み悔いる魂 ▼ 98
072 他国の人を差別してはならない ▼ 99
073 土に属する体と霊に属する体 ▼ 100
074 冷たいか、熱くあれ ▼ 101
075 戦争はなぜ起こる ▼ 102
076 ちょっとした愚かさ ▼ 103
077 はっきりとそのままに語れ ▼ 104

078 人間一人ひとりの中に▼105
079 決して赦されない罪▼106
080 本当に悔いあらためる▼107
081 避難所をつくる▼108
082 悪人が安らかに眠るのは▼109
083 言葉で身を滅ぼす▼110
084 罪はあらわになる▼111
085 悪行をあらためれば▼112
086 この世の光▼113
087 滅亡の土地▼114
088 欲望に負け、感情に負ける▼115
089 おまえを知っている▼116
090 目に見えない原因▼117
091 父はなぜ叱るのか▼118

愛とは何か

092 もし山が動くとも ▼ 120
093 パンと愛はふくらむ ▼ 121
094 独りよりも二人がよい ▼ 122
095 結ばれた男女は引き離せない ▼ 123
096 なぜ男と女が必要か ▼ 124
097 互いに愛しあう ▼ 125
098 愛妻家のすすめ ▼ 126
099 たった二人の一つの願い ▼ 127
100 人生と生活を楽しむ ▼ 128
101 恐れも不安もない日々 ▼ 129
102 愛は罪を覆う ▼ 130
103 美しきおまえに ▼ 131

104 愛が欠けた人は無である▼132
105 大きな愛と永遠の愛▼133
106 愛がただ一つの理由▼134
107 耳に痛い言葉こそ▼135
108 見守り愛される理由▼136
109 あなたをいじめる人をも愛しなさい▼137
110 生命の道からそれるな▼138
111 生命の木がある場所▼139
112 男と女、それぞれの使命▼140
113 永遠なる存在と永遠なる愛▼141
114 肉体は誰のものか▼142
115 なぜ別の女を見るのか▼143
116 彼女を取り戻し、赦し愛せ▼144
117 すべてが美しい少女よ▼145
118 決して復讐してはならない▼146

119 愛に病む私 ▼147
120 本当に愛しあう ▼148
121 完全な愛 ▼149
122 友の秘密を漏らすな ▼150
123 訪ねてきた人と旅人には親切に ▼151
124 深く長い友情がこわれるとき ▼152
125 小さな者一人を喜ぶ ▼153
126 何よりも豪華な贈り物 ▼154
127 情欲の火は滅びを招く火 ▼155
128 けがれた身とならぬように ▼156
129 金持ちではなく貧しい人を愛せ ▼157
130 情欲と姦通 ▼158
131 夫の体と妻の体 ▼159
132 愛に充ちた国 ▼160
133 妻を愛し尽くす ▼161

134 他人を赦しなさい ▼ 162

永遠に生きる

135 悲しむ心にワインを ▼ 164
136 この世の初めからあるもの ▼ 165
137 この世のすべてに理由がある ▼ 166
138 若くあることを存分に楽しめ ▼ 167
139 パンのひとときれと平和 ▼ 168
140 言葉だけで寒さと飢えは救えない ▼ 169
141 よみがえりについて ▼ 170
142 もうすでに来ている ▼ 171
143 見せかけの苦行は必要ない ▼ 172
144 全宇宙に満ちみちたもの ▼ 173

145 手はいつもさし伸べられている▼174
146 占い師や預言者の言葉に惑わされるな▼175
147 悪を捨て、罪をあらためる▼176
148 新しき契約の奉仕者▼177
149 殺してはならない▼178
150 神の姿に似せて創る▼179
151 手で触れてみてわかる▼180
152 悪を消し去る▼181
153 何を怖れるのか▼182
154 誠実な人を一人でも探せ▼183
155 あなたのことなど知らぬ▼184
156 悪はいつまではびこるのか▼185
157 守る時、捨てる時▼186
158 忘れてはならないこと▼187
159 木々の王となる木▼188

160 強盗の釈放 ▼189
161 口先だけの誓い、無責任 ▼190
162 あざけりと十字架 ▼191
163 勇士のみじめな晩年 ▼192
164 平和より鋭い剣を ▼193
165 世の終わりの日 ▼194
166 秘密の数字 ▼195
167 形あるだけでは無意味 ▼196
168 掟を守る ▼197
169 「はい」もしくは「いいえ」 ▼198
170 生きることを望め ▼199
171 わが罪の悲しみ ▼200
172 立派な葡萄の木 ▼201
173 愚かな者と弱い者 ▼202
174 神の杯と悪魔の杯 ▼203

175 見えるものと見えないもの ▼204
176 罪と戦う ▼205
177 迷う心の波 ▼206

装幀 川上成夫
DTP 美創

人生の苦難と果実

001

悲しみに流されるな

人生の中には悲しみがある。
けれども、悲しみに押し流されてしまわないように。
また、暗い考えにふけってもならない。心を喜ばせよ。
それが人の生命というものだ。快活であるほどに生命が延びる。
震える心を慰めよ。心痛はおまえを早くふけさせてしまうから。

―― シラの書　第30章 ――

002

決して裏切らない希望

私は艱難《かんなん》を受けることを誇る。
艱難は、根気と忍耐を生んでくれるからだ。
根気は徳をよく鍛錬し、鍛錬を受けた徳は希望を生む。
この希望は、わたしたちを決してあざむくことがない。

―― ローマ人への手紙　第5章 ――

003

ふりかかる災難

人間は、物事がいつ起きるかという「時」を
知ることができないものだ。
安穏《あんのん》に暮らしている魚が突然にして漁師の網にかかってしまう。
悠々と空を飛ぶ鳥が一瞬にして罠に落ちてしまう。
それと同じように、
どんな人もまた突如として災難に見舞われてしまう。

―― コヘレットの書　第9章 ――

004

明日になったら考える

明日のことのために今日あれこれと心配しないように。
明日のことは、明日みずからが心配すればいい。
きょう一日の労苦は、きょう一日だけで充分に足りている。

── マテオによる福音書　第6章 ──

005

理不尽な世の中

世の中は理不尽なものだ。
もっとも脚の速い人が走る仕事にあてられるわけではない。
強い男が格闘の試合に出るわけでもない。
知恵のある者が食事に困ったり、
賢い頭を持っているのに富に恵まれなかったり、
真面目な学者が不運だったりする。
しかし、物事にはそれが成就する「時」というものがある。
その「時」と災難は彼らすべてにひとしくおよぶ。

―― コヘレットの書　第9章 ――

006

まだ見ていないこと

その希望は目に見えるのか。
もし、目に見える希望なら、それはもはや希望ではない。
なぜならば、
すでに見えているものをなお望みとする人などいないからだ。
わたしたちはまだ見ていないことを望みとする。
そして、忍耐をもって、その希望の実現を待つのだ。

―― ローマ人への手紙　第8章 ――

007

かつて起きたことはまた起こる

古い人が去り、新しい人が生まれる。それは大きな変化のようだが、
この地に起きることは永遠に変わらない。
太陽は昇って沈み、もとのところへ帰る。
風はいろいろに吹くことを延々と続けているばかりだ。
川の水はつねに海へと流れ入るが、海は決して満ち溢《あふ》れることはない。
かつて起こったことは、また起こる。
かつて行なわれたこともまた誰かによって行なわれる。
太陽の下《もと》に、今までになかった新しいことなど起きないのだ。

―― コヘレットの書　第1章 ――

008

時代を見分ける

西の空に雲が湧き起こるのを見ると、あなたたちは
「もうじき雨になる」と言う。
南東から風が吹いてくるのを感じると、
「そろそろ暑くなる」と言う。
そんなふうにあなたたちは天地の気配がよくわかり、
何が起きるのか正しく判断できもするというのに、
今のこの時代が見分けられないのか。
何が本当に正しいのか、どうしてわからないのか。

―― ルカによる福音書　第12章 ――

009

仕事は楽しく

自分の仕事を心から楽しむ。これ以外に人の幸福はない。

―― コヘレットの書　第3章 ――

010

勤勉な人は大きな力を持つ

勤勉に自分の畑を耕す人、自分の仕事にまじめに励む人は
いつも豊かで、あり余るパンを持っている。
しかし、愚かな怠け者はただ妄想を追っているばかりだ。
愚か者に限って、自分のやり方や考えがまっとうで正しいと
思い込んでいるものだ。
知恵のある者はしかし、人の勧めや忠告を聞いて受け入れる。
結局、つとめ励む者こそ人を支配するようになる。
怠け者は人に仕えるしかない。
人間の最大の力とは、つとめ励むことだ。

── 格言の書　第12章 ──

011

謙遜な人であれ

天は神の座。地は神の足台。
神の眼差しはいったい誰に向けられるのか。
謙遜な人にである。心の頑迷ではない人にである。

―― イザヤの書　第66章 ――

012

探し求める人にだけ与えられる

欲しいものがあるならば、求めよ。
あきらめることなく求め続けよ。
そうすれば与えられる。
見つからないならば探せ。徹底的に探し続けよ。
そうすれば発見できる。
閉まっているならば、叩け。戸を叩き続けよ。
そうすれば、やがては開かれる。
このように、探す人が見出し、叩く人だけに戸は開かれる。
求める人にだけ与えられる。

—— ルカによる福音書　第11章 ——

013

子どもがいなくても徳を残せ

もし自分に子どもがいなくても、徳を持っていればよい。
徳こそ不滅のものだからだ。
神も人も徳を喜ぶ。
そこに徳を見出すと、人は真似ようとする。
徳が欠けていれば、それを欲しがる。
だから、
悪い人にどれだけ多くの子孫がいても何にもならない。
徳がないからだ。
生きた年の数で人を計《はか》ってはならない。
正しかったか、徳があったか、愛があったか、が喜ばれる。
そういう人の霊魂が神に喜ばれる。

—— 知恵の書　第4章 ——

014

自分をまず変えよ

世間で誰もがしている習慣になじんではならない。
昔からの因習に染まって生きていてはならない。
これまでの考え方をまったく変え、神を求めてみよ。
神が何をしたがっているのか。神の目から見た善とは何か。
神の望む完全とはどういうことか。
それらを知ろうとせよ。
頭を変えよ。自分を変えよ。

―― ローマ人への手紙　第12章 ――

015

欲望をコントロールする

生涯をかけて、自分がどんな人間か、どんな性格の者なのか、
よく観察するがいい。
そして、自分に害を与えるものがいったい何なのか見きわめて、
それをみずからに与えないようにせよ。
他の人にぴったりするものが自分にもあうとは限らない。
また、それぞれで何に満足するかがちがうからだ。
そういうことにも充分に気づかい、
さらには欲をコントロールして自分の心身をたいせつにするように。

―― シラの書　第37章 ――

016

人の上に立つ人とは

首長として立てられた者は人々を支配する。
高官や官僚たちは人々の上に立ち、
思うままに権力をふるってやまない。
しかし、私は言う。
あなたたちの間ではそれと同じようにしてはならない。
自分が偉くありたいのならば、
みんなの召使いにならなければならない。
自分がみんなの上に立ちたいのならば、
みずから誰にでもこころよく仕える奴隷にならなければならない。

―― マルコによる福音書　第10章 ――

017

仕事と事業に成功するには

人はいろいろと思案する。
しかし、企てを決定するのも、実現させるのも人ではない。
神である。サイコロの目でさえ、神が決めるのだから。
人は自分のなすことはすべて正しくきれいだと思っているものだが、
その心の値打ちをよく知っているのは神なのである。
だから、自分の仕事を神にゆだねるがいい。
そうすれば、仕事も事業も成功に導かれる。
どのような仕事を選ぶかは人の心によるが、
その人の足を現実に導くのは神なのである。

―― 格言の書　第16章 ――

018

豊かすぎても、貧しすぎても

私は、二つのことを神に頼みたい。
この二つのことだけは死ぬ前にかなえてほしい。
まず、偽りと嘘を私から遠ざけてほしい。
そしてもう一つある。貧しさも、富も与えてほしくはない。
けれども、私の暮らしに必要な食物だけは与えてほしい。
もしも、あり余る金持ちになってしまうと、
私は傲慢《ごうまん》になって神を考えぬようになってしまうだろう。
また、あまりにも貧しくなってしまうと、
私は盗みを働いてしまうだろう。

―― 格言の書　第30章 ――

019

作物を刈り尽くしてはならない

待ちに待った収穫のときに、
畑の作物をいっさいがっさい刈り尽くしてはならない。
落ちた穂を拾い集めてはならない。
それらを残しておくように。
貧しい者が、外国人が、それらを拾い集めることができるように。
これは、おまえたちの神からの言葉である。
おまえたちを見守る神が命じることである。

―― レビの書　第23章 ――

020

他人についてあれこれ言うな

他人についてあれこれと言う者よ、
他人についてあれこれと評価したり非難したりする者よ、
おまえには弁解の余地などない。
他人をあれこれと言うことによって、
おまえは自分をも裁いていることを知らないのか。
さらに、おまえが自分をいかに高く持ち上げていようとも、
神の裁きからは逃げることができない。
そういう者たちが悔いあらためないならば、神の裁きが下る。
神は人の言葉と行ないを見る。
その人の人種や地位や美醜は関係がない。神は人を区別しない。

―― ローマ人への手紙　第2章 ――

021

生きていてこそ

今ここに生きている一匹の犬は、
とうに死んでしまった勇猛果敢なライオンにまさる。

―― コヘレットの書　第9章 ――

022

人に損害を与えない商いをする

物を売買するときは、相手に損害を与えないようにせよ。

物の値段は、収穫した土地の年数による。

古い土地から収穫した物ほど値段は高くなる。

売るのは物ではなく、その土地の年数である。

土地を売るときは、買い戻しの権利を放棄してはならない。

土地はおまえたちのものではなく、神のものだからである。

住宅用の家を売るときは、売り渡してから一年間は買い戻しの権利がある。貧しい者たちについては、彼らを支えるように。彼らに労働を強いたりしないように。奴隷のような労働にもつかせぬように。

たとえ、彼らに金を貸したとしても、利子をつけてはならない。

彼らを同居人として仲良く暮らすように。


―― レビの書　第25章 ――

023

金持ちは豊かではない

あなたは自分を金持ちだと言う。今は豊かになったと言い張る。
もはや足りないものなど自分には一つもないと豪語している。
しかし、自分を知らない。
不幸で、哀れで、本当はひどく貧しくて、何も見えておらず、
無力で裸にひとしい者だということに少しも気づいていない。

―― ヨハネの黙示録　第3章 ――

024

あなたの言葉があなたの人生を決める

愚かな者は、じっくりと考えることをしない。
自分の感情的な思いを言いふらすばかりだ。
彼らは知恵はない。
彼らは、人の言うことをよく聞きもしないで返事をする。
愚かな者の言うことは、
争い、不和、悲しみ、苦しみを呼び寄せる。
彼らは怠け、結局は滅びを招く。
人生は、自分が何をどう言うかによって支配されるものだ。
人生の果実とは、自分の唇が育ててきたものだ。

―― 格言の書　第18章 ――

025

歩き方でその人がわかる

人の容貌を見よ。どんな人間なのか、よくわかる。
知恵と賢さは顔に表れている。
人が何をどう着ているのかよく観察せよ。
その人の生活が服装に表れている。
どんな歩き方をしているのか目をとめよ。
歩きぶりに人柄が表れている。

── シラの書　第19章 ──

026

裁きや判断は公平に

お互いに本当のことを語りあいなさい。
裁きや判断をするときは、正しく公平にしなさい。
憎しみを持たないように。
誰かが滅んでしまいそうになるようにはからうことをしてはならない。
また、誰かが滅んでしまうことも願ってはならない。
決して偽ってはならない。
これらのことをよく守りなさい。神はこのように告げている。

―― ザカリアの書　第8章 ――

027

人生とはこんなもの

その日、神は明かりを手に、家々を見回る。
気楽に生き、高慢さを持ち、人生とはこんなものだと軽く値踏みし、
神についても心の中で「神はいるかもしれないが、
だとしてもたいして関係はない。
別によいことも悪いこともしないような存在なのだから」
とほざいている人々の家を、不意に神は訪れる。
そのときに、彼らの家は神の手で荒らされる。
財産まで奪われてしまう。彼らがもう一度家を建てることがあっても、
そこに住むことはできない。葡萄畑を持ったとしても、
彼らは葡萄酒を飲むことすらできないようになる。

—— ソフォニアの書　第1章 ——

028

よい顔と悪い顔

心が、その人の顔をつくるものだ。よい顔にも、悪い顔にも。
その人の心が喜びで満ちているならば、顔つきは明るい。

―― シラの書　第13章 ――

029

耳にしたことを言いふらすな

おまえの耳が聞いたことを安易に誰かに言いふらすな。
そんなことをすると自分が損を受ける。
自分に責任があることなら話してもよいが、
自分に責任がない事柄については話したりするな。
安易に人に話してしまうと、ついには人からの信用を失い、
憎まれさえする。何か聞いたとしても、それを自分の中で終わらせよ。
うずうずして誰かに言いたくなっても我慢せよ。
それがおまえの中で爆発することはない。どうしても気になるなら、
自分でじっくりと調べてみよ。言われたことをあたかも
そのまま事実であるかのように信じてはならない。
確かに、人は悪げなしにあやまちを犯すことがある。
そしてまた、多くの人が言葉の罪を犯してしまう。
だから、用心せよ。聞いたことを自分の中で殺してしまえ。

―― シラの書　第19章 ――

030

金銭ゆえの罪

金銭のゆえに罪を犯した人はとても多い。
多く金を得て、自分のものにしようと思うような人は、
実は誰にも同情しないものだ。
それが人の生き方であろうか。
誰もが知っているように、
杭は岩と岩の狭い間に強く打ち込まれる。
それと同じように、
売ったり買ったりする行ないの間に
罪の杭が打ち込まれるのだ。

—— シラの書　第27章 ——

031

なぜ愚かなことを口走るのか

言葉数が多いと、つい愚かなことまで言ってしまうものだ。
また、言葉が多すぎると、それにつれて失う時間も多くなる。

—— コヘレットの書　第5章 ——

032

倹約ばかりして貧しくなる

誠実な人が繁栄すると、町は活気づいていく。
怠ける者はしだいに貧しくなり、
富をつくりあげるのは大胆な者である。
惜しみなく恵むのに、かえって富を増やす人がいる。
一方、倹約してばかりいることで貧しくなる者がいる。

—— 格言の書　第11章 ——

033

兄弟を助ける

兄弟が貧しくなり、手を震わせているのなら、
その兄弟を支えてあげなさい。
あるいは、いっしょに暮らしてあげなさい。
彼を無理に働かせたりすることのないように。
彼が再び自立できるようにしっかりと助けなさい。
用立てのお金を貸す場合でも、利息をとったりしないように。
食べ物をあげるときでも、
決してゆくゆくの利益をあてにしないように。

―― レビの書　第25章 ――

034

人の口から出たものが人をけがす

口から入るものは腹に入り、しまいには便所に落ちる。
では、人の口から出るものは何か。言葉だ。
口から出る言葉は、心から出たものだ。
口から出たその言葉が人をけがす。
悪だくみ、殺し、淫行、盗み、偽り、罵倒や暴言。
これらは心から口に出て、人をけがしてしまうのだ。

―― マテオによる福音書　第15章 ――

035

快楽や富を人生の目的にするな

豊かなときには窮乏のときを思え。
財産があり余っているときは貧乏のときを思え。
何をするときにも警戒を怠らず、過失が生じることを避けるように。
まともではない欲望を殺せ。欲望を自分の魂の餌《えさ》にしてはならない。
生活の楽しみの中心に快楽を置くな。
そのように生きている連中と決してつきあうな。
借りた金で遊んで貧しくなるな。
そんなことではいつまでも金持ちになれない。
小さなことをいいかげんにすると、結局は貧乏になる。
また、どんなに賢くても、酒と悪い女、
あるいは娼婦にはまるとだめになってしまう。
下手をすると命を落とす。

―― シラの書　第19章 ――

036

蛇であり、鳩であれ

あたかも蛇のように知恵に満ち、
鳩のように無邪気であれ。
そのうえで、人に対して警戒を怠らないように。

―― マテオによる福音書　第10章 ――

037

自分の目に見えるものだけ

愚か者は自分の目に見えるものだけを信じる。
目に見えるものを誰が創造したかを知ろうとはしない。
だから、愚か者たちは、
火、風、大気、天界、波、稲妻を神々としたのだ。
それらの美しさにうっとりとし、その力強さ、その働きに感嘆し、
かつ、その美しさゆえにそれぞれに神の姿だと思い込んだのだ。
愚かなことに、彼らはそれらを創造したものが
誰であるかをまるで知ろうとはしない。

――知恵の書　第13章――

038

子どもと大人

心は子どもであってはならない。
むしろ、悪いことについては子どもであり、
心としては大人であれ。

―― コリント人への第一の手紙　第14章 ――

039

健康な胃のために

あなたの胃を健康に保つためにも、
あまり水ばかりを飲まないように。
また、あなたはしばしば病気になるのですから、
少しだけ葡萄酒を口にしなさい。

―― ティモテオへの第一の手紙　第5章 ――

040

自分をかいかぶるな

くれぐれも自分をかいかぶってはならない。
また、自分に何かしらすぐれた知恵があるとも思うな。
本当の知恵を知りたいならば、かえって愚かな者になれ。
この世の知恵など、
神の前ではあまりにも愚かな戯言《たわごと》にすぎないからだ。

―― コリント人への第一の手紙　第3章 ――

041

二つの悲しみ

悲しみは二つある。
一つはこの世に溢れている悲しみである。
これは人の傲慢さや悔しさから生まれている。
それゆえに、いずれ死へとたどりつく。
もう一つの悲しみは、
自分がなしたことを悔いる人の悲しみである。
この悲しみは神の心にそうている。
ゆえに、この後悔の悲しみは神による救いにたどりつく。

── コリント人への第二の手紙　第7章 ──

042

喜んで多くを与えよ

おまえは、惜しみながら種を蒔《ま》いているのか。
では、収穫のときには少なく刈り取るであろう。
しかし、豊かに種を蒔くならば、
おまえはたっぷりと収穫できるだろう。
なぜならば、神は喜びながら多く与える者を愛するからである。

―― コリント人への第二の手紙　第9章 ――

043

あわれみを持つ

怒りに心をあやつられ、体を振り回されて罪を犯すな。
太陽が傾くまで怒りを持ち続けてはならない。
そうでないと、悪魔に足がかりを与えてしまうことになる。
もう盗むな。盗むことをやめ、自分の手でできるよい仕事をせよ。
ひどい言葉、悪口を吐くな。
憤怒、叫び、罵りなど、おまえの中にあるいっさいの悪を捨て去れ。
そして、本当の情を持て。あわれみを持て。

—— エフェソ人への手紙　第4章 ——

044

金にとらわれる心

満足を知らずにさらにより多くの富を欲しがる人は、
いざないと罠に落ちるものだ。
彼らは愚かで恥知らずな欲望に膝を折り、
いつのまにか堕落し、ついには滅亡の道を歩む。
すべて悪を生む根は一つ。
いつも金にとらわれる心である。

―― ティモテオへの第一の手紙　第6章 ――

善と悪と愚

045

野に咲く花ほどもはかない

人は、生まれからして塵《ちり》にすぎないものだ。
人生に時間があったにしても、それは草の命のようにはかない。
人に盛りがあっても、野に咲く花ほどのものだ。
いったん強い風が吹けば、散ってしまう。
そして、跡形すらなくなる。

―― 詩篇　第103篇 ――

046

人生の始まりは泣き声

私のこの世での最初の叫びは泣き声であった。
そして、清潔な産着に包まれてやさしく抱かれ、
多くの人の手の中で育った。
この世のどんな高貴な王であろうとも、
これ以外の人生の始まりを持っていないはずだ。

―― 知恵の書　第7章 ――

047

光あるうちに歩け

光はまだある。
だから、光のあるうちに歩け。
くれぐれも闇に追いつかれぬように。
闇の中を行く人は行く手がわからない。
いっそ、あなた自身が光となれ。
光があるうちに光を信じよ。

―― ヨハネによる福音書　第12章 ――

048

必要なものはすべて与えられている

おまえの主人は誰か。おまえは誰を愛するのか。
金を愛するのか。神を愛するのか。
いずれにしても、人は二人の主人に仕えることはできない。
今の手元の金を惜しむから、神を捨てるのか。
それほど金がだいじなのか。
明日やあさってに用いる金の心配で苦労しているのか。
しかし、いらぬ心配をするな。
神は、おまえに必要なものはすべて与えてくださるではないか。

—— マテオによる福音書　第6章 ——

049

まちこがれた平安

とこしえの喜びを告げる者の足、
まちこがれた平和を知らせに来る者の足、
よい便りを持ってくる者の足、
救いを告げに来る者の足、
いっさいを神が支配すると伝えに来る者のその足は、
山の上でなんと美しく見えることか。

―― イザヤの書　第52章 ――

050

柔らかな言葉は何より強い

やさしく柔らかな言葉は、どんな怒りをも砕き鎮める。
敵が空腹であったなら、食べ物を差し出せ。
喉が渇いていているようだったら、冷たくきれいな水をも。
すると、敵の心は動く。
それはあなたに対する神の報いである。

―― 格言の書　第25章 ――

051

怒らずに耐えよ、うぬぼれるな

激しく怒りを燃やすな。
自分が正しいと確信した場合でさえも猛烈に怒ってはならない。
とめどなく怒る人には強い欲があり、
その欲の力が結局は怒る人を滅びに導くことになるのだ。
怒らず、耐えよ。忍耐を持て。物事には時というものがある。
それまで耐えしのべ。
そうすれば、ついには喜びを知ることになるだろう。
だから、自分が口にする言葉を抑制しつつ耐えるように。
神が愛するものはいつも素直な心と柔和な心である。
その心に裏表があってはならない。
そして、相手によって言うことを変えてはならない。
いつも自分の口を警戒しなさい。そして、うぬぼれてはならない。

―― シラの書　第1章 ――

052

人間の外側と内側

偽善者よ、あなたたちは石灰で白く塗られた墓のようだ。
外側はいかにきれいに見えても、内側は汚れている。
中は死人の骨と、あらゆる不潔なものに満ちている。
確かにあなたたちは外から見れば立派であろう。
けれども、その内側は偽善、濁り、不法、裏切りに満ちみちている。

―― マテオによる福音書　第23章 ――

053

良い木は良い実をつける

良い木は悪い実をつけない。
悪い木は良い実をつけない。
木が良い木かどうか、その木がつける実によってわかる。
また、イチジクは茨から採れるだろうか。
葡萄は木イチゴから採れるだろうか。
このように、良い人はその心の良い倉から良い物を出してくる。
悪い人は心の倉から悪い物を。
人は、心の中にある実を口から出す。

── ルカによる福音書　第6章 ──

054

神のものは神に返す

ある人々がイエズスに訊《き》いた。

「あなたは神こそあらゆる人の主人だとおっしゃる。では、今のように皇帝に税金を納めるのはよいことでしょうか。もし税金を納めるならば、皇帝を主人だと認めることではないでしょうか。それとも、神が主人なのだから皇帝に税金を納めるべきではないと言われるのでしょうか」

イエズスは答えた。

「では、その貨幣を見せてくれないだろうか」

人々はそれを持ってきてイエズスに見せた。

「ここにあるのは誰の彫像か。ここに刻まれているのは誰の名前か」

「皇帝のですが」

「ならば、この貨幣は皇帝のものなのだから、皇帝に返さなければならない。そして同じように、神のものは神に返さなければならない」

—— マルコによる福音書　第12章 ——

055

頑なな心を切り捨てよ

主のために割礼《かつれい》をせよ。
割礼とは、性器の包皮を切り取ることではない。
おまえの心を固く包んでいる皮を切り去ることだ。
いつまでも神に向かわないおまえの頑なな心を包んでいるものを
切り捨てよ。

―― エレミヤの書　第4章 ――

056

羊を守る羊飼い

自分の羊を持っていない雇われ羊飼いは、
狼が来るのを目にするや羊たちを置いて逃げだしてしまう。
しかし、自分の羊を持っている良い羊飼いは、
羊のために自分の生命を捨てる。
羊に生命を与えるために、自分の生命を捨てる。
そのことを羊たちもよく知っている。

―― ヨハネによる福音書　第10章 ――

057

わが良心のままに

この世には、神の掟《おきて》と律法をついぞ聞いたことのない者がいる。
それでも知らずに神の掟と律法を守る生き方をしているならば、
その人が掟と律法になっているのだ。
そういう人は、神が人の心に刻んだ掟と法があるということを
示している。
そのことを証明しているのが人の良心である。

—— ローマ人への手紙　第2章 ——

058

知識をひけらかす知恵なき者

見て見ぬふりをする人は、結局は苦しみをこしらえるものだ。
むしろ、面と向かって非難するほうが平和がつくられる。
悪人の口はいつも暴力をそこに隠している。
憎しみは争いに火をつけて燃え上がらせる。
しかし、愛は間違いや過失をやさしく覆ってくれる。
分別《ふんべつ》を持て。唇に知恵を備えよ。本当に知恵があるならば、
その知識をひけらかしてはならない。
愚かな者の口ほど、危険を招きよせるものはない。
真の知恵を持つ正しい人は、多くの人のために役立つものだ。
しかし、愚か者は貧しさに埋《うず》もれて死を迎える。

―― 格言の書　第10章 ――

059

自分の利だけをはかる者

この世において不正な人は、神の国を継ぐことができない。
淫行する者、盗む者、他人の妻や夫と関係を持つ者、体を売る男、
男同士で性交する者たち、金属や木などで造られた像を拝む者、
つねに自分だけが得をしようと貪《むさぼ》る者、大酒を飲む者、
人を罵ったりあざける者、
あの手この手で自分の利をはかる者たちも
また神の国を継ぐことがない。
もし、あなたがどれかにあたるのならば、すぐに自分を洗え。

―― コリント人への第一の手紙　第6章 ――

060

善を憎み、悪を好む者

おまえたちは善を憎んでいる。そして、悪を好んでいる。
おまえたちは人々の体から皮膚を剝《は》いでいる。
それでもたりずに、骨から肉をそいでいる。
その肉を食らい、骨を嚙み砕き、あるいは大鍋に入れて煮込んでいる。
悪を好むおまえたちは、そのようなことを人々に対してなしている。

―― ミカヤの書　第3章 ――

190

死と悪魔の体験

死と悪魔に属する者は、
まさにみずから死と悪魔を体験することになる。

——知恵の書　第2章——

062

悪に染まった者たち

黒い人が、その黒い皮膚の色を変えることができようか。
豹がその縞模様を変えられようか。
それらと同じことだ。
悪に馴れ、悪に染まりきった者に
今から善がなしえるだろうか。

―― エレミヤの書　第13章 ――

063

人間の七つの大罪

神の心が嫌悪する七つのことがある。
横柄で尊大な眼差し。
嘘をつく舌。
無実の人の血をしたたらせる手。
悪事を考える心。
悪いことのために走る足。
他人をおとしいれることを言いふらす偽証人。
兄弟を仲たがいさせる人。

—— 格言の書　第6章 ——

064

世界の最初に存在したもの

この世界の最初に存在したものは何か。
それは言葉であった。
言葉は神とともにあった。
この言葉が神自身であった。
この言葉によって、いっさいのものが創造されたのである。
創造されたもので、
何一つとして言葉以外によってつくられたものはない。
この言葉には生命があった。
人の光となる生命である。
この光は闇の中で輝いていた。

── ヨハネによる福音書　第1章 ──

065

知恵ある者の言葉

知恵のある者は静かに語る。その言葉を聴け。
いかに低く静かな言葉であろうとも、
愚か者たちの真ん中に立って
いかにも威厳ありそうに叫ぶ上官の言葉にまさる。

── コヘレットの書　第9章 ──

066

魂は生きる

この声に耳を傾け、神に近寄れ。
そして、神の言葉を聴け。さすれば、おまえの魂は生きる。

―― イザヤの書　第55章 ――

067

心を支配しているものは何か

今こそはっきりと知れ。
あらゆる事業の始まり、根本にあるのは、理性なのだ。
どのような行ないをするにせよ、まず熟慮しなければならない。
その熟慮、その考えの根はどこにあるか。心だ。
心は四つの枝を生やす。
善、悪、生命、死。そのような心を支配しているものは何かを知れ。
おまえの舌。おまえの言葉だ。

—— シラの書　第37章 ——

068

すべては見通されている

市場へ行けば、二羽の雀はたったの一アサリオンで売られている。
それほど安い価値しかない雀の一羽でさえ、
神の許しがなければ空から地に落ちることはない。
そこまで神はすべてを見て、いっさいを配慮している。
あなたたちの髪の毛一本一本までをも、神は数えているのだ。
だから、どんなことがあろうともいたずらに怖れるな。
神はすべてを見通して配慮している。
その神の眼から見て、あなたたちは多くの雀よりも
尊い価値があるのだから。

―― マテオによる福音書　第10章 ――

069

心をこめて行なう

何事をするときにも、心から行なうように。
誰かのために行なうのではない。
どんなことを行なうときでも、
神のためにするときのように真心から十全に行ないなさい。

―― コロサイ人への手紙　第3章 ――

070

祝福を大切に

葡萄の房に汁があるのを見たならば、
その房を破ってはいけない。
そこには祝福があるのだから。

―― イザヤの書　第65章 ――

071

深く痛み悔いる魂

神よ、あなたはいけにえを好まれない。
どんな供え物をしても、あなたはそれを喜ばれない。
神へのいけにえとは、深く痛み悔いる人の魂なのだ。
神よ、あなたは悔いあらためてへりくだる魂を
決して軽んじることはない。

―― 詩篇　第51篇 ――

072

他国の人を差別してはならない

口寄せを信じたり、占い師の家に足を運んではならない。
彼らに惑わされるな。
占いを信じず、神が現に存在することを信じよ。
老いた人を敬い、神を畏怖せよ。
この地に住む他国の者に意地悪をしてはならない。
他国の者であろうとも、
自分たちと同じように接するように。
差別するな。彼らを愛せよ。
おまえたちも、かつては他国に住んでいたことがあるのだから。

―― レビの書　第19章 ――

073

土に属する体と霊に属する体

人の体は最初からいつか朽ち果てるものとして、この世に蒔《ま》かれた。
しかし、やがては朽ち果てぬものとして蘇るのだ。
人の体は卑しきものとしてこの世に生を享《う》けるが、
やがては光栄あるものとして蘇る。
人の体は弱きものとしてここに生まれたが、
やがては強きものとして蘇る。
動物と同じ体としてここにあるが、やがては霊の体に蘇る。
動物に体があるように、霊にも体がある。
しかし、霊の体が最初にあるのではない。
まず土に属する動物の体が先にあって、
それから天に属する霊の体に変わるのだ。

—— コリント人への第一の手紙　第15章 ——

074

冷たいか、熱くあれ

私はあなたが何をしたか知っている。
あなたの行ないをすべてつぶさに知っている。
あなたは冷たくもなかった。熱くもなかった。
私は、あなたがむしろ冷たいか、もしくは熱くあることを望む。
しかし、あなたはなまぬるい。
だから、私はあなたを口から吐き出す。

―― ヨハネの黙示録　第3章 ――

075

戦争はなぜ起こる

あなたたちの間に諍い《いさか》と戦争がある。
それらはいったいどこから来るのか。
それらは、あなたたちの体の中でかまびすしく戦っている
多くの欲望から生まれてきているのではないか。

―― ヤコボの手紙　第4章 ――

076

ちょっとした愚かさ

このうえなく馨《かぐわ》しき香水。
そんな貴いものの上に一匹の死んだ蝿《はえ》が落ちてくさらせる。
それと同じように、
ちょっとした愚かさが偉大なる知恵を傷つけてしまう。

―― コヘレットの書　第10章 ――

077

はっきりとそのままに語れ

神は言った。
「私の言葉を預けようとする者には、私は夢の中で彼に語る。
しかし、モーゼにはそのようにはしない。
モーゼには何の謎も含ませることなく、はっきりとそのままに語る。
しかも、顔と顔を合わせて。モーゼは私の家族だからだ。
モーゼは私の姿を見ている」

―― 荒野の書　第12章 ――

078

人間一人ひとりの中に

神は神殿の奥にある聖所に住んでいるのか。
いや、そうではない。あなたがた自身が神の聖所なのである。
神の霊はその聖所に住むのだ。
神の霊は、あなたがた一人ひとりの内に住むのだ。
だから、神の聖所を破壊する者があれば、神はその破壊者をこわす。
したがって、あなたがたが神の住む神聖な聖所なのだ。
もはや、自分だけの体ではない。

―― コリント人への第一の手紙　第3章 ――

079

決して赦されない罪

人がこの地でなすありとあらゆる罪、
また、冒瀆《ぼうとく》は、いずれ赦《ゆる》されるときが来る。
しかし、頑固に神霊の存在を拒んだり、
神のなす癒しを悪魔の仕業などとするような冒瀆は
決して赦されることがない。

―― マテオによる福音書　第12章 ――

080

本当に悔いあらためる

神は、人々が今まで行なってきた悪い行ないをあらため、
本当に悔いているのを見た。
そして、彼らに罰として与えようと思っていた災いを下すのをやめた。

―― ヨナの書　第3章 ――

180

避難所をつくる

不注意や過失からあやまって人を殺した者がかくまわれる場、
血の仇《あだ》を果たそうとする者から逃れられる場をつくるようにせよ。
そこは彼らの避難所である。
ヨルダン川の向こう側に三つの町、カナンの地の中に三つの町。
これら六つの町を彼らの逃れの町とせよ。
しかし、故意に人を殺した者は殺人者であり、
これらの町に逃げることはできない。

—— 荒野の書　第35章 ——

082

悪人が安らかに眠るのは

神よ、私はあなたに問いたい。
どうして悪い人々が豊かになり、その生活が繁栄しているのでしょう。
なぜ、誠実ではない悪人が安らかに眠り、
平和の中に生きているのでしょう。

―― エレミヤの書　第12章 ――

083

言葉で身を滅ぼす

人は、多くのことにおいて踏みはずすものだ。特に、言葉において。言葉において踏みはずすことのない者は完全なる者だ。それほどに言葉を制することは難しい。

たとえば、馬をあやつるときは、轡《くつわ》をはめればよい。口に小さな轡一つはめておきさえすれば、大きな馬であってもその全身を制することができる。

また風を受けて動く船は、小さな舵一つがその行き先を決めることができる。深く広い森を燃やすためには、ほんの小さな火があればよい。

舌は人の体の中でも小さなものだ。その小さな舌が何を話すかによって、人の全身を燃やしてしまう。生涯にわたって人を燃やしてしまう。

―― ヤコボの手紙　第3章 ――

084

罪はあらわになる

人の罪はいつあらわになるのか。
ある人の罪は、裁きを受ける前にすでにあらわになっている。
また、別の人の罪はあとでゆっくりとあらわになってくる。
罪ばかりではなく、人がなす良い行ないも同じことだ。
いつまでも隠され続けるということはない。
必ず、あらわになる。

—— ティモテオへの第一の手紙　第5章 ——

085

悪行をあらためれば

神の言葉を伝える役割を担わされたヨナは、神が悪徳に充ちたニネべの町を滅ぼすのを見届けようと座して待った。だが、神はニネべの町を破壊しなかった。町の人々が悪行をあらためようとしたからだ。しかし、それについてヨナは怒った。すると、神は言った。

「私がニネべの町を惜しんでいることに、おまえはそんなに怒っているのか。このニネべの町には右も左もわからないような人々が十二万人もいるのだ。それから、彼らの他に数多くの獣も。彼らを私はかわいそうだと思ったし、今では愛しているのだ」

―― ヨナの書 第4章 ――

086

この世の光

あなたたちは地の塩、
すなわち、この地上の上でとてもたいせつな人々である。
もし塩がその味を失えば、塩以外の何によって味がつけられようか。
その意味で、あなたたちはこの地上の塩なのだ。
そしてまた、あなたたちはこの世の光でもある。
人々の前で、あなたたちの光を耀《かがや》かせ、
多くの人を照らしなさい。

―― マテオによる福音書　第5章 ――

087

滅亡の土地

神との戦いの日に備えるために、
三つの汚れた霊は、
滅亡の不幸をもたらしたことでヘブライ人によく知られた
メギッド山を意味する
ハル・マゲドンと呼ばれる地に王たちを招集した。

―― ヨハネの黙示録　第16章 ――

088

欲望に負け、感情に負ける

どうしたのだ、
あなたたちは今なお肉の人にとどまっているではないか。
体に負け、つのってやまぬ欲望に負け、
わきあがる感情に負け、見た目の美醜に負け、
この世の身分や地位に負け、損得勘定に負けている。
さらには、まだ妬みや争いがあるというではないか。
それではまだ、かつてのような人間ではないか。

―― コリント人への第一の手紙　第3章 ――

089

おまえを知っている

神が自分を知っているかどうか不安なのか。
おまえがしかし神を愛しているのならば、
神はおまえを知っている。

―― コリント人への第一の手紙　第8章 ――

090

目に見えない原因

今ここに見えているものには、
決して目には見えない原因があることをさとれ。
この世界にある万物もまた、
神の言葉によって創造されたのだ。
それは最初の見えない原因であった。

―― ヘブライ人への手紙　第11章 ――

091

父はなぜ叱るのか

試練は神からのこらしめである。
罰するための試練ではない。
神が人を自分の子のように扱うゆえの試練である。
父からこらしめられない子があろうか。
こらしめるのは、
神が自分の聖性を子に与えようとしているからである。

―― ヘブライ人への手紙　第12章 ――

愛とは何か

092

もし山が動くとも

もし、山が動くことがあったとしても、
丘が移ることがあったとしても、
私の愛は少しも変わらない。

―― イザヤの書　第54章 ――

093

パンと愛はふくらむ

愛は、愛の充ちる場は、パン種《だね》と似ている。
女性が愛をつまんで三斗《と》の粉の中に入れると、
すべてが大きくふくらみ始める。

―― マテオによる福音書　第13章 ――

094

独りよりも二人がよい

独りでいるよりも、二人でいるほうがずっとよい。
仕事にしても二人で働くほうがはかどる。
また、二人で寝ると二人とも暖かいではないか。
独りっきりで寝て、どうして暖かくなれよう。

―― コヘレットの書　第4章 ――

095

結ばれた男女は引き離せない

神はこの世に男と女をつくった。
その男と女はそれぞれの親を離れ、
互いにあいまみえ、ついに結ばれる。
このときはこの男女はもう二人ではない。
一体となっている。
それは神の手によって引き合わされたものだ。
神が一体にしたものだ。
そんな二人を人が引き離してはならない。

—— マルコによる福音書　第10章 ——

096

なぜ男と女が必要か

神は天と地を造った。
そして七日目にその働きを終え、休んだ。
神はこの七日目の日を聖なる日として祝福した。
それから神は、耕された地の塵《ちり》で人間の形を造った。
人間の鼻穴に神が命を吹きこむと、人間は生きるものとなった。
それから神は、「人間がたった一人でいるのはよくない」と言い、
女を造った。

―― 創世の書　第2章 ――

097

互いに愛しあう

あなたがたが神に呼ばれたのは自由になるためである。
しかし、その自由を肉の欲望を刺戟《しげき》するために用いてはならない。
自由を欲望のために使ってはならない。
誰に対しても互いに愛しあうように。
その愛の場合でもどちらかがどちらかを支配したり、
相手にしたがうのではない。
むしろ、愛において互いにかしずくように。
愛の奴隷となるように。

―― ガラツィア人への手紙　第5章 ――

098

愛妻家のすすめ

妻を持つ夫たちに告げる。
ちゃんと妻を愛しなさい。
決して、一度たりとも、
自分の妻を苦々しく扱ってはならない。

―― コロサイ人への手紙　第3章 ――

099

たった二人の一つの願い

あなた方のうちのたった二人でいい。
その二人がこの地上で心を一つにして何かを願うならば、
神は確かにそれをかなえてくれる。

―― マテオによる福音書　第18章 ――

100

人生と生活を楽しむ

神から享《う》けたこの世での生活を存分に楽しむがいい。
独りでではなく愛する女性とともに楽しむがいい。
それがあなたが享ける相応の分というものだ。
あなたがこの世でなす働きの分け前というものだ。
だから、してもよいと思うことを満足するまでなすがいい。

―― コヘレットの書　第9章 ――

101

恐れも不安もない日々

本当に愛するならば、そこには微塵《みじん》の恐れもない。
わずかでも恐れがあるというのならば、それは不純な愛だ。
なぜならば、恐れや不安があるのは罰されることを予想した気持ちが
秘められているからだ。
だから、本当に愛するのならば、
そこに恐れも不安も入り込む隙《すき》がないほど純粋な愛で充たされる。

―― ヨハネの第一の手紙　第4章 ――

102

愛は罪を覆う

何よりも、いつも、絶えることなく愛しあえ。
愛は多くの罪を覆《おお》うものだから。

―― ペトロの第一の手紙　第4章 ――

103

美しきおまえに

ベールの下に隠されたおまえの瞳は鳩のように愛らしい。
髪のうねりは、山腹を下りてくる山羊《やぎ》の群れに似ている。
おまえの美しい歯は、洗い場から上がってくる羊の群れのよう。
唇は紅色のリボン。そこから囁《ささや》かれる声は私を魅了する。
首は美しい城の塔。
乳房は、百合花の中で草をはむ双子のカモシカのように揺れている。

―― 雅歌　第4章 ――

104

愛が欠けた人は無である

信仰を持っていても愛が欠けているのならば、
その人は無にひとしい。
あらゆる財産を与え、この体さえ与えても、
人を愛さなければ無にひとしい。
愛は多くを赦《ゆる》し、慈悲に充ちている。
愛があるなら、妬みはない。
誇ることもなく、礼を失しない。
自己の利益を求めず、怒らず、不正を喜ばない。
すべてを信じ、絶えず希望に充ち、
いっさいに耐えしのぶ。
このような愛が絶えることはない。偉大なる愛。

―― コリントの信徒への手紙一　第13章 ――

105

大きな愛と永遠の愛

神はおまえの名を呼んだ。
見捨てられ悲しみにうちひしがれている女を呼ぶように、
神はおまえに声をかけて呼びもどした。
あたかも、若い頃に家を出された妻を恋しがって呼びもどすように、
神は声をかける。
神はかつておまえを捨てたことがあった。
しかし今は、大きな愛をもって腕の中へと連れもどすのだ。
かつては神は怒りで顔を隠したが、今は永遠《とわ》の愛でおまえを呼び、
憐《あわ》れむのだ。その愛はもう変わることがない。

―― イザヤの書　第54章 ――

106

愛がただ一つの理由

なぜ、おまえたちを神が選び、ともに住むようになったのか。
おまえたちが数の多い民だったからではない。
いや、おまえたちはあまりに卑しく小さな民であった。
おまえたちを選んだのはひとえに愛からである。

——第二法の書　第7章——

107

耳に痛い言葉こそ

言葉で表すことのない愛よりも、
相手のことを思う叱責のほうがすぐれている。
親しい友人から責められるのは傷のように痛いだろうが、
それは二人の友情の誠実さの証拠ではないか。

—— 格言の書　第27章 ——

108

見守り愛される理由

今日、おまえは、
神がおまえたちの主となられるという宣言を聞いた。
だが、神がおまえたちを絶えず見守り愛するのは、
おまえたちが神の望む道を歩み、
その掟《おきて》を心を尽くし魂を尽くして
守り行なう場合のみだということを忘れるな。
そうでない場合は、神はおまえたちを見放すであろう。

── 第二法の書　第26章 ──

109

あなたをいじめる人をも愛しなさい

神は、悪い人間の上にも善い人間の上にも、
日を昇らせてくださる。
悪い人間の上にも善い人間の上にも、
雨を降らせてくださる。正しい行ないの人にも、
不義を行なう人の上にも雨を降らせてくださる。
それは、神が完全なる存在だからだ。
だから、おまえが自分を愛してくれる人だけを愛してどうするか。
自分をいじめる相手をも愛しなさい。敵をも愛しなさい。
神の愛のように完全な愛を持つように。

── マテオによる福音書　第5章 ──

110

生命の道からそれるな

心に入れた知恵は、姦淫《かんいん》に染まりきった女からおまえを守るだろう。
このうえなく妖艶《ようえん》なことを口にして誘惑する女の毒牙《どくが》に
おまえがかからないようにしてくれるであろう。
そのようなたぐいの女は、
とうの昔に青春の友を捨て去ってしまっている。
彼女の家は死に向かって傾いている。
その家の路地は黄泉《よみ》の国へと導かれている。
もし、そういう女と関係するならば、
もはや帰っては来られないだろう。
生命の道に立ち戻ることはできないだろう。

—— 格言の書　第2章 ——

III

生命の木がある場所

神はエデンの園から人間を追放した。
そして、園の東に天使ケルビムを立たせて見張らせ、
さらに炎を放つ稲妻型の剣《つるぎ》を置いた。
生命の木に、誰も手を伸ばすことができないようにするためである。

―― 創世の書　第3章 ――

112

男と女、それぞれの使命

神は女に言った。
「おまえは痛みに苦しみながら子を産むことになる。
おまえは夫に情を燃やすが、夫はおまえを支配する」
神は男に向かって言った。
「おまえのために、大地は呪われる。
おまえは生き続ける限り、苦労して、
地から生活の糧《かて》を得なければならなくなる。
おまえは草を食べ、
額《ひたい》に汗して働き続けなければならない。
土と塵から生まれたおまえが再び土に帰る日まで」

―― 創世の書　第3章 ――

113

永遠なる存在と永遠なる愛

神は言った。
「ノアよ、私とおまえの間に契約を立てる。
私と地のすべての生き物との間に未来の代まで、
人間と生き物を滅ぼさないという契約を立てる。
この契約がなされていることのしるしをいつも見せよう。
そのしるしとは、私が雲の中に描く虹である。
雲が集まり、その中に虹が現れるとき、
おまえたちは私との契約を思い出し、
私の永遠なる存在と私の永遠なる庇護《ひご》と愛を確かめるであろう」

―― 創世の書　第9章 ――

114

肉体は誰のものか

娼婦を抱く者は、彼女と一つになってしまうことを知らないのか。
聖書には「二人は一体となる」と記されているとおりだ。
だから、淫行を避けなければならない。
淫行は、結局のところ自分の体を犯すことに他ならない。
あなたたちの体は自分のものだと思っているのか。
そうではない。
体は、神から享けたものだ。
だから、汚《けが》すな。

―― コリント人への第一の手紙　第6章 ――

115

なぜ別の女を見るのか

ともに青春を過ごした女と
いつまでも喜びを分かちあえ。
彼女こそ、おまえの美しき雌鹿だ。
彼女こそ、可憐なカモシカだ。
彼女の情愛に酔い、いつまでも彼女の愛に魅了されよ。
それなのに、おまえはなぜ別の女を見るのか。
迷わされ、おまえの知らない女の胸を抱くのか。
わが子よ、おまえはなぜ、そんな悪いことをなすのか。

―― 格言の書　第5章 ――

116

彼女を取り戻し、赦し愛せ

神は言う。
「他の男たちに抱かれている淫行の妻を、
もう一度おまえの手に受け入れよ」と。
物や食物や金を与える男たちの手から取り戻し、
もう一度自分の妻にせよ、と。
もう一度、彼女を愛せ。もっと深く愛せ。
彼女を赦し、愛せ。再び、おのれの妻にせよ。
それこそ、神の望む救い、神の欲する愛。
行け。淫行の妻を取り戻せ。そして、とこしえに愛し尽くせ。

―― ホゼアの書　第1章・第2章 ――

117

すべてが美しい少女よ

少女よ、おまえの臍《へそ》はそこから葡萄酒を汲んでも
尽きることはあるまいと思われるほど麗《うるわ》しき小さな賜杯のようだ。
そして、おまえの腹は、百合に囲まれた小麦の山のように
白くたおやかではないか。
さらに、おまえの乳房の優美な揺れぐあいはどうだ。
双子のカモシカ、あるいは二頭の小鹿が跳びはねているかのようだ。
おまえの瞳、その瞳は、
ヘシボンの池のような瑞々しい深さをたたえている。

―― 雅歌　第7章 ――

118

決して復讐してはならない

いじめてくる人を呪ったり恨んだりしてはならない。
そういう人に対しても愛を持て。
悪に対して、自分の悪を返してはならない。
なるべく、すべての人と仲良くせよ。
決して復讐してはならない。復讐や報復は神がなすことだからだ。
神の怒りにまかせ、自分が怒ってはならない。
むしろ、いやな相手を愛するように。いやな相手に親切にしなさい。
いやな相手が悪をなしてくるのなら、それに対しては善を用いなさい。

―― ローマ人への手紙　第12章 ――

119

愛に病む私

私は葡萄酒の蔵に連れていかれた。そして彼が立てた旗は愛だった。
葡萄菓子で私に元気を与えて。りんごですこやかにして。
私は、愛に病んでいるのです。私は、眠る彼のそば。
彼の左腕は、私の頭の下にあるの。彼は右腕で私を抱いているの。
でも、まだ彼は眠っているわ。どうか、そのままにしておいてね。

—— 雅歌　第2章 ——

120

本当に愛しあう

神が欲するのは、いけにえではない。
豊かな供物でもない。
神が欲するものは、愛だ。
おまえたちが、本当に愛しあうことだ。

―― ホゼアの書　第6章 ――

121

完全な愛

誰も神の姿を見た者はいない。
けれども、わたしたちが互いに愛するのなら、神はここにいる。
ここにいて、わたしたちの中に住む。
そして、わたしたちの愛がいっそう完全に近づいていく。
なぜならば、神とは愛のことだからだ。

—— ヨハネの第一の手紙　第4章 ——

122

友の秘密を漏らすな

友には誠実であれ。友の秘密を他人に漏らしてはならない。
もし他言したことがあるのならば、もう二度と友に会わないように。
おまえは友情を殺したのだから。もう取り返しはつかない。
どんな言い訳も無意味だ。
友の秘密を暴露することは友を傷つけることではない。
傷ならば手当てができよう。しかし、おまえは友を殺したのだ。
もう終わりだ。

―― シラの書　第27章 ――

123

訪ねてきた人と旅人には親切に

愛には決して偽りがまじらないように。
愛しながらも相手を尊敬するように。
仕事は熱心に。絶えず希望を持ち、苦難に耐えよ。
そして、訪ねてきた人、旅人には親切に愛を持って迎えなさい。
喜ぶ人とともに喜び、泣く人といっしょに泣きなさい。
ゆめゆめ高ぶらないように。
そして、自分を知恵ある者だとも思わないように。

―― ローマ人への手紙　第12章 ――

124

深く長い友情がこわれるとき

目をつつくと涙が出る。
心をつつくと、心が覆《おお》っていた思いが外に現れる。
石を投げつけると鳥たちは飛び散る。
友を非難したり、激しく責めたてたりすると、
今までの厚い友情がこわれ死んでしまう。
友に向かって剣を抜いたとしても、友の意見に強く反対したとしても、
いつか誤解がとけ、あるいは理解しあって、
友が戻ってくることがあるだろう。
しかし、友を侮辱したり、ひそかに裏切ったり、
不意打ちしたりするのはよくない。
どんなに深く長く築かれた友情であっても、
とたんにいっさいが崩壊してしまう。

―― シラの書　第22章 ――

125

小さな者一人を喜ぶ

百頭の羊のうちの一頭が群れを離れて
どこかにいなくなってしまったら、羊飼いは九十九頭を山に置いて、
迷っている一頭を探しにどこまでも行く。
そして、ようやくその羊を見つけると、羊飼いはとても喜ぶものだ。
山に残っている九十九頭よりも、その一頭を喜ぶのだ。
それと同じように、
神は小さな者の一人だに滅びることを望んではいない。

―― マテオによる福音書　第18章 ――

126

何よりも豪華な贈り物

人に何か与えるときは不平を混ぜてはならない。
贈り物といっしょに
そっと辛らつな言葉をつけ加えたりしてはならない。
そのときに相手に何を言うか、
まさに相手への言葉はプレゼントよりも価値あるものなのだ。
本当に愛情から何か与えるのなら、贈り物とよい言葉を贈る。
その言葉はどんな豪華な贈り物よりも貴いものなのだから。

―― シラの書　第18章 ――

127

情欲の火は滅びを招く火

その女は、おまえが愛する妻だ。その妻に嫉妬深くしないように。
おまえが激しくねたむとき、
おまえの愛の深さを妻に教えているのではない。
おまえの悪を彼女に教えていることになる。
そのことはおまえと彼女の関係を損なわせるものだ。
また、娼婦や、おまえを誘惑する女を避けるように。
他の美しい女を見つめてはならない。
そのようにして幾人もの男たちが迷路に陥ってしまったのだ。
おまえはそれを避けよ。
情欲は火のように燃え盛るものだ。
その火はおまえの滅びを招くであろう。

―― シラの書　第9章 ――

128

けがれた身とならぬように

おまえは、女とそうするようにして男と性交をしてはならない。
それは忌《い》まわしい限りの行為だ。動物と交わってもならない。
女もまた動物を引き寄せて寝てはならない。
そういったことをすると、おまえはけがれた身となる。
おまえも不浄の者となるし、その地も同じく不浄となる。
そして、ついには吐き出される。他の人々から断ち切られてしまう。
この言いつけを守れ。私はおまえたちの神である。

―― レビの書　第18章 ――

129

金持ちではなく貧しい人を愛せ

あなたたちは神を信じると口にしながらも、貧しい人を軽んじている。
その一方で、金持ちたちを重く見ている。
あなたたちは「隣人を自分と同じように愛せよ」という神の掟を重々知っている。けれども、
実際に愛しているのは金のある人たちだけではないだろうか。
貧しい人を愛していないのではないか。
そういうふうに人に差別をつけるのは、罪そのものに他ならない。
神が命じる他のことすべてを守っていたとしても、
一つを犯せばすべてにおいて罪となる。
愛さないという罪を犯した者には、
愛のない裁きが神から下る。

―― ヤコボの手紙　第2章 ――

130

情欲と姦通

姦通《かんつう》するなとこれまで教えられてきたはずだ。
しかし、私はあなたがたにこう言おう。
情欲を抱いて女を見つめるのならば、
それはすでに姦通を犯していることと同じだ。
すべてを知る神の前では、
人の心の思いは実際の行ないと同じくらい重要だからだ。

―― マテオによる福音書　第5章 ――

131

夫の体と妻の体

夫は妻に対し、
妻は夫に対し、
夫婦であることの義務を果たしなさい。
妻は、自分の体を意のままにすることはできない。
妻の体は夫のものなのだから。
同じように、夫の体はその妻だけのものである。
求めることで、お互いに拒んだりしてはいけない。

―― コリント人への第一の手紙　第7章 ――

132

愛に充ちた国

次のようなことを行なう者は、
愛に充ちた神の国を継ぐことができない。
誰とでも肉体関係を持つような淫らな行ない。
倫理的にも身体的にも不潔な行ない。猥褻《わいせつ》な行ない。
人が作った物を拝んだりすること。占いや魔術。憎しみを抱くこと。
紛争。妬みやそねみ。怒り。徒党を組むこと。
仲違《なかたが》いさせること。異なった教えを広めること。
羨《うらや》み。酒に酔いしれること。遊蕩に耽《ふけ》ること。

—— ガラツィア人への手紙　第5章 ——

133

妻を愛し尽くす

その女の夫であるならば、妻を愛せ。
自分の体をいつくしむように、妻を養え。
妻をだいじに愛せ。愛し尽くせ。
「男はその父と母を離れ、妻とめぐりあって二人は一体となる」
と昔から聖書に記されていることは奥義であり、
偉大なる教えなのだから。

―― エフェソ人への手紙 第5章 ――

134

他人を赦しなさい

深い慈悲と情を持つように。
そして謙遜を忘れず、柔和であるように。
人に対してはいつも寛容でいなさい。
我慢すべきことは我慢しなさい。
もし他人に不平があったとしても、赦《ゆる》しなさい。
そうすれば不平はなくなる。
しかし、とにかくは愛をみずからにまといなさい。
すべてよいことは愛から生まれているのだから。

―― コロサイ人への手紙　第3章 ――

永遠に生きる

135

悲しむ心にワインを

強い酒は、滅びていく人に与えよ。
葡萄酒は、悲しむ心に与えよ。
飲んで、悲痛を忘れ、今の苦しみを思い出すことがなくなる。

―― 格言の書　第31章 ――

136

この世の初めからあるもの

私は、おまえの近くでだけ神だとみなされるのか？
おまえから遠くに感じられるときは
もはや私は神ではないというのか。
私はこの世の初めから、天と地を充たすものではないのか。

── エレミヤの書　第23章 ──

137

この世のすべてに理由がある

すべてには理由があるということを知れ。
たとえば、相談もなしで二人が旅に出るだろうか。
獲物を発見せずにライオンが唸《うな》るだろうか。
餌《えさ》を見つけない鳥がはたして地に降りるだろうか。
獣がそれを踏まないのに鉄罠が閉じるだろうか。
神が手を下さないのに、町に災いが起きるであろうか。

―― アモスの書　第3章 ――

138

若くあることを存分に楽しめ

若者たちよ、今の若さと溌剌《はつらつ》さを思う存分に楽しむがいい。
この若さが溢れる日々の中で心から幸福を味わえ。
おまえたちの心の望むままに、おまえたちの目が望むままに、楽しむがいい。
痛みと悲しみを遠ざけ、若くあることを今のうちに楽しめ。
しかし、これだけは決して忘れるな。
おまえたちのすることを神はすべて見ている。
そして、神の裁きを受けるのだということを。

—— コヘレットの書　第11章 ——

139

パンのひときれと平和

信仰をみせびらかす多くの供え物があったとしても、
その家に争いがあるならば何になろう。
食べ物がいかに豊かでも、
その家の人々が仲良くなかったらどうしよう。
今まさになければならないのは、固いパンのひときれと、平和なのだ。

―― 格言の書　第17章 ――

140

言葉だけで寒さと飢えは救えない

信仰があれば、それだけで救いとなるのだろうか。
信仰さえあれば、何もかも救われるというのだろうか。
たとえば、誰かが寒さにうち震え、食べる物さえ手に入らないときに、
「安心せよ。どこかで暖まり、どこかで食べよ」
と言うだけでいいのだろうか。
そう言うだけで相手の体に必要な物を何も与えなくていいのだろうか。
信仰があるといくら言い張ったところで、
まともな行ないがないのならば何の役にも立たないではないか。

―― ヤコボの手紙　第2章 ――

141

よみがえりについて

パウロは神のことを伝えにアテネの町に行った。
そして市場で哲学者など教養ある人々とも話しあった。
そして、パウロが死者の復活について口にしたとき、
人々は彼を鼻で笑った。
また、ある人は「ああ、あなたはそういうことまで言うのか。まあ、
そういったたぐいのことはいつかまたあらためて聞こうじゃないか」
と言いおいて去った。

―― 使徒行録　第17章 ――

142

もうすでに来ている

ファリサイ人が、
神の国はいったいいつ来るのか、とイエズスに訊いた。
イエズスは答えた。
「神の国は誰にも見えるような形で来るわけではない。
また、どこどこにあるとかいうものでもない。
神の国というのは、実は人の中にある」

―― ルカによる福音書　第17章 ――

143

見せかけの苦行は必要ない

神の命じる断食は、物を口にしない苦行ではない。
困窮している哀れな人たちの横で行なう見せかけの苦行ではない。
断食とは、不正の鎖を断ち切ることだ。
人々をずっと縛りつけてきたくびきをほどいてあげることだ。
虐げられている者たちを自由へと解放することだ。
飢えた人々にパンを分け与え、貧しい人に屋根を与え、
温かい服を着せ、肉親をないがしろにしないことだ。
これが神の望む断食なのだ。

―― イザヤの書　第58章 ――

144

全宇宙に満ちみちたもの

神の霊は、この大空に、この全宇宙に満ちみちている。
その広大な両腕で、いっさいもらさず抱擁している。
そして神の霊は人の言葉を、一言一句もらさずに聴いている。

―― 知恵の書　第1章 ――

145

手はいつもさし伸べられている

神を求めなかった人々によって、神は見出された。
神のことなど心にもかけなかった人々の近くに神はいた。
泣き叫んでいる人々に、
神は「私はここだ、私はここにいるよ」と声をかけた。
悪をなし、逆らっている人々に、神はいつも手を伸ばしていた。

―― イザヤの書　第65章 ――

146

占い師や預言者の言葉に惑わされるな

神は占い師や預言者を
おまえたちのために送ることは決してない。
しかし、神の言葉を預かったという者が出てくるであろう。
神の名で語る者もあろう。
そして、おまえたちは彼の言葉を聞いて
動揺することもあるやもしれない。
それが神からの本当の言葉であるならば、
的中するし、必ず実現する。
しかし、そういうことがないならば、
それは神からの言葉ではない。だから、
おまえたちはその者の言うことを気づかったり、怖れる必要もない。

── 第二法の書　第18章 ──

147

悪を捨て、罪をあらためる

正しく生きてきた人が罪を犯すならば、
それまでの正しさすら彼を救うことはない。
ひとたび罪を犯すならば、
これまでの正しさはいっさいがっさい忘れられ、
その罪のために死ななければならぬのである。
同じように、さんざん悪を働いてきた人が悪を捨て、
罪をあらため、正義と公正を行ない、愛の掟を守るならば、
かつての罪のために死ぬことはない。
神は、人の生き方によって、それぞれを裁くからである。

―― エゼキエルの書　第33章 ――

148

新しき契約の奉仕者

私たちに使徒の資格を与えたのは、神ご自身である。
神は私たちに、新しく始まった契約の奉仕者となるよう命じ、
その資格と権能を与えた。
この新しい契約は、文字によってしるされたのではない。
霊によってしるされたのである。
なぜならば、文字は殺し、霊は生かすからである。

―― コリント人への第二の手紙　第3章 ――

149

殺してはならない

殺してはならない。殺すことがあるかもしれないが、やはり殺してはならない。殺人の禁止は神の掟である。姦通《かんつう》をしてはならない。あるいは、おまえの妻に、あるいは他の誰かに姦通させてはならない。おまえが姦通すれば、相手もまた姦通したことになる。神は、おまえたちが姦通の罪を犯すことを望まない。盗んではならない。どういう形であれ、盗んではならない。誰かの妻を欲しがってはならない。誰かの持ち物も欲しがってはならない。どういう形であれ、人のものをいささかも貪《むさぼ》ってはならない。

—— 第二法の書　第5章 ——

150

神の姿に似せて創る

神は言った。
「我が姿に似せて、人間を創ろう。
この人間に、海に住む魚、空飛ぶ鳥、家畜となる獣と野に住む獣、
そして地を這うすべての生き物を支配させよう」
創った人間を神は祝福して言った。
「産めよ、増えよ。人が地に満ちて、地を支配せよ」

—— 創世の書　第1章 ——

151

手で触れてみてわかる

十字架で死んだはずのイエズスを見たという人々の言葉を、
トマは信じなかった。トマは、
「本当に彼の手に十字架の釘の跡があるのをこの目で見て、自分の指を
その穴に入れ、手を槍で刺されたイエズスの脇腹に入れるまで信じま
い」と言った。
それから八日後、戸締まりをしてあったのにイエズスが現れた。
そしてトマに向かい、
「あなたの指を出して、私の手を見よ。
あなたの手で私の脇腹に触れよ」と言った。
トマはイエズスの復活を信じた。

—— ヨハネによる福音書　第20章 ——

152

悪を消し去る

地に増えた人間が多くの罪を犯し、地が暴力で満たされ、
人間の心もつねに悪に向かっているのを神は見て悔いた。
「これだけの悪をなすのならば、私の手で創った人間を、
この地から消し去ろう。人間ばかりではなく、
空の鳥も、獣も、地を這う生き物たちをも」
そして、地を雨と洪水が襲った。

―― 創世の書　第6章 ――

153

何を怖れるのか

何を臆していているのか。何を怖れているのか。
体を殺すことができても、霊魂を殺すことができない者らを怖れるな。
むしろ、体と霊魂を冥府《めいふ》で滅ぼすことができる存在を怖れよ。

―― マテオによる福音書　第10章 ――

154

誠実な人を一人でも探せ

町の通りをよく見て歩け。
そこここで尋ね、広場で丹念に探せ、常々に正しい行ないをなし、
誠実な人が一人でもそこにいるかどうかを。
もし、たった一人でもそのような者がいるならば、
神はその町を赦し、罪を与えまい。

―― エレミヤの書　第5章 ――

155

あなたのことなど知らぬ

ペトロは師と仰ぐイエズスに言った。

「あなたとならば、牢獄に行くことも死ぬことも覚悟の上です」

すると、イエズスは言った。

「では、言っておく。雄鶏が鳴くまでに、あなたは私のことなど知らぬと三度にわたって否定するだろう」

そののちイエズスは逮捕され、大司祭の家に引かれていった。

人々が中庭に火を焚いていたので、ペトロも彼らの間に座った。

すると、女中や他の人々がこの男はあのイエズスの仲間だと言い出した。しかし、ペトロは何度も否定した。

そして三度否定したときに夜明け前の雄鶏が鳴いた。

ペトロは外へ駆けていき、慟哭《どうこく》した。


―― ルカによる福音書　第22章 ――

156

悪はいつまではびこるのか

復讐の神よ、姿を現したまえ、
この凶々《まがまが》しい地を裁く神よ、今すぐに立ち現れたまえ。
そして、傲慢《ごうまん》な者たちに数々の仇《あだ》を返したまえ。
神よ、悪人たちはいったいいつまでこの地にはびこるのか。
悪人たちはいつまで彼らの勝利に酔いしれるのか。
いつまで彼ら悪人は高慢なことをさんざん口にし、
暴言を吐き続け、高ぶっていられるのか。
神よ、復讐の神よ。

―― 詩篇　第94篇 ――

157

守る時、捨てる時

この世で起きるいっさいのことには時がある。
そのことが生まれ起きる時があり、終焉に向かう時がある。
いっさいのことに時期があるものだ。
抱擁をする時がある。抱擁をしなくなる時がある。
守り続ける時があり、それを捨てる時がある。

―― コヘレットの書　第3章 ――

158

忘れてはならないこと

美しい少女たちが身を飾るものを忘れることがあろうか。
婚約者がきれいな帯を忘れることがあろうか。
ああ、それなのに、おまえたちは
神がここにいることを忘れてしまった。

―― エレミヤの書　第2章 ――

159

木々の王となる木

自分たちの王を欲しがった木々が集まって話し合いをした。
そして意見がまとまると威儀を正し、イチジクの木に向かって、
「われわれの王になってはくれまいか」
と伺いを立てた。するとイチジクの木はこう答えた。
「あなた方は私に木々の王になってくれと求めるのか。
では、私はそのためにこの甘く美しい果実を
捨てなければならないではないか。
そうやって美味なる果実もなく、他の木々の上で
始終ぶらぶらと揺れていなければならなくなるではないか」

—— 判事の書　第9章 ——

160

強盗の釈放

ユダヤ地方を管理していたローマ人総督ピラトはイエズスに対して
いくつかの訊問をしてから、官邸の近くに集まっていた
多くのユダヤ人の前に出てきて言った。
「私の目からみれば、このイエズスという男が何か罪を犯したようには
思えない。そこで、おまえたちの祭りのときには囚人の一人を赦免す
る慣例であるが、おまえたちはこのイエズスを放免してほしいか」
すると、ユダヤ人たちは口々に
「その男ではなく、バラバを釈放してくれ」と叫んだ。
このバラバという男は強盗であった。

—— ヨハネによる福音書　第18章 ——

161

口先だけの誓い、無責任

人の手で造った像を尊いものとして拝む人々は、
結局は迷いの人生を送る。
闘争をくり返し、悪すらを平和と呼ぶ。
秘密の行事、狂ったような風習にひたる。
生活にも結婚にも清らかさがない。人を裏切り、私生児をつくる。
流血、盗み、詐欺《さぎ》、殺害。激昂と背信。あらゆることが悪くなり、
何も実を結ばない。迫害し、恩を受けたのに忘れる。
性は乱れ、抱いてはならない相手を抱く。狂うほどの快楽。無責任。
口先だけの誓い。真理を捨て、不正な生き方をする。
そして、罪人のように神の罰を受ける。

—— 知恵の書　第14章 ——

162

あざけりと十字架

鞭を打たれて弱ったイエズスを、
兵隊たちは総督官邸へと連れていった。
そして、イエズスの服を剥《は》ぎ、
ローマ兵が使う赤い粗末な外套を着せた。
さらにイエズスの頭に茨《いばら》の冠を載せ、右手に葦竹《よしたけ》を持たせると、
彼をあざけ笑った。
兵隊たちはイエズスの顔に唾を吐きかけ、手から葦竹を奪うと、
それでイエズスの頭を叩いた。そして、さんざんあざけってからようやくイエズスに元の服を着せ、外へと引きずり出した。
政治犯の最高刑である、十字架につけるためである。

―― マテオによる福音書　第27章 ――

163

勇士のみじめな晩年

次の二つのことが、
神の心を痛めてやまない。
勇士がみじめな晩年を
送らなければならないこと。
思慮分別のある人が
理解されずに軽蔑されていること。
しかし、次のことは神を怒らせる。
人がいつしか正義から罪の悪に移り染まっていくこと。

―― シラの書　第26章 ――

164

平和より鋭い剣を

私がこの地に平和をもたらしにやって来たと思っているのか。
そうではない。
私がたずさえてきたのは安穏な平和ではなく、鋭い剣である。

── マテオによる福音書　第10章 ──

165

世の終わりの日

終わりの日が近づくにつれ、
多くの者が「われこそキリスト、われこそ救世主」と名のり、
人々を惑わすであろう。また、戦争が近いという噂を聞くだろう。
しかし、動揺してはならない。まだまだ世の終わりではないからだ。
そのうち、内乱が起き、国が揺らぎ、方々に飢饉《ききん》と地震が起きる。
それでもまだ世の終わりではない。
産みの苦しみが始まったにすぎない。
やがて、憎しみと殺戮《さつりく》が起き、多くの人が滅ぶ。
人々は憎みあい、裏切りあう。
いよいよ不義は増し、そのために多くの人の愛がさめていく。
世界がそうなっても耐えよ。終わりの日まで耐えしのべ。

―― マテオによる福音書　第24章 ――

166

秘密の数字

地から上がってきたその獣のたくらみによって、
大いなる者、小さき者、貧しい者、富んでいる者、自由なる者、
奴隷になっている者のすべての右手と額《ひたい》にある印がつけさせられた。
その印とは、獣の名、もしくはその名を意味する数字である。
それがしるされていない者は
誰一人も売買できぬようにするためであった。
獣のその秘密の数字は６６６である。
これはある人間を指し示している。

―― ヨハネの黙示録　第13章 ――

167

形あるだけでは無意味

木片を人のような形に刻み、あるいは石を人のような形にして、
それらに「起きよ」だの「目覚めよ」だのと言ってどうするのか。
それらは神々しく、いかにもうやうやしく金や銀で飾られている。
けれども、そこには生の息吹きすらない。
彫刻師はそれらを刻んで、何の役に立てるつもりなのか。
それらを信じろとでも言うのだろうか。
それらは生きていないのに。生きていない、もの言わぬ神である。

―― ハバククの書　第2章 ――

168

掟を守る

ある人がイエズスに近づいてきて、訊いた。

「師よ、どうか教えてください。永遠の生命を受けるために
私はどんな善いことをすればいいのでしょうか」

イエズスは答えた。

「生命を受けたいのなら、掟《おきて》を守るように」

「それはどの掟のことでしょうか」

「掟とは、殺すなかれ、姦淫するなかれ、盗むなかれ、偽証するなかれ、
父母を敬え、人を自分のように愛せよ、これらのことだ」

── マテオによる福音書　第19章 ──

169

「はい」もしくは「いいえ」

誓ってはならない。誓いは神だけができる。
人は誓うことはできない。
人が自分の髪の毛の一本さえ黒くも白くもできないように。
だから、「はい」もしくは「いいえ」とだけ口にするように。
それ以上のことを口にすると、嘘や欺瞞《ぎまん》が混じる。

―― マテオによる福音書　第5章 ――

170

生きることを望め

神は死を創造しなかった。
何のために神は万物を創造したか。生かすためである。
万物を永遠に生かすためにこそ、神は創造の手を伸ばしたのだ。
だから、滅びてはならない。死んではならない。
死を追いかけてはならない。嘘によって人と自分を騙《だま》すことで、
あるいは怒りで、自分の霊魂に死をもたらしてはならない。
どんな者であっても滅びゆくことを神は少しも喜びはしない。
死は当然のことではない。絶えず神は生きることを望んでいる。
だから、今そこにある滅びの縁《ふち》から救われよ。
この世に神が創ったものは、その救いの助けとなる。
この世にあるものを利用して、おのれの霊魂を救え。

―― 知恵の書　第1章 ――

171

わが罪の悲しみ

おのが罪を悔いて悲しむのか。
ならば、その悲しみを誰の目にも見えるようにと
自分の衣服を引き裂いてどうする。
本当に悔いているのならば、
自分の心を引き裂け。

―― ヨエルの書　第2章 ――

172

立派な葡萄の木

イスラエルよ、おまえはいったいどうしてしまったのか。
神なる私はおまえが立派な葡萄の木として育つようにと、
上質の挿《さ》し木を接《つ》げてやったではないか。
ああ、それなのに、おまえはどうして
こんな堕落した野性の葡萄の木に育ってしまったのか。
ああ、おまえはこんもりと繁った木の下で、
まるで娼婦であるかのように
その裸身をふしだらに横たえているではないか。

―― エレミヤの書　第2章 ――

173

愚かな者と弱い者

神は、すぐれた者ではなく、愚かな者を選んだ。
自分には知恵があると思っている人々を辱《はずかし》めるためにだ。
自分は強いと思っている者を恥じ入らせるために、
神はまた弱い者を選んだ。
神の前で、どんな者も誇らないようにするためである。

―― コリント人への第一の手紙　第1章 ――

174

神の杯と悪魔の杯

ゆめゆめ悪魔と交わりを持たぬように。
誰も、神の杯と悪魔の杯を同時に飲むことなどできない。
神の食卓と悪魔の食卓に同時につくこともできない。

―― コリント人への第一の手紙　第10章 ――

175

見えるものと見えないもの

わたしたちのこの肉体は老い衰えようとも、
内なる自分は日々に新しくなっている。
わたしたちは今ここに見えるものではなく、
目で見えないものを見ているのだ。
なぜならば、
目で見えるものはこの世の限られた時間に属するものであり、
見えないものは永遠《とわ》に属するものだからである。

—— コリント人への第二の手紙　第4章 ——

176

罪と戦う

そうか、
おまえはおのが罪と戦ったのか。
勇敢に戦ったのか。
しかしまだ罪に対して、
血をだらだらと流すほどの抵抗をしていないではないか。

―― ヘブライ人への手紙　第12章 ――

177

迷う心の波

迷う者は、あたかも波のようだ。
吹きくる風に翻弄され、
そのつど巻き上げられる海の波にも似ている。
そんな者は神から何かをもらえるのではないかと期待するな。
なぜならば、
迷う者にはいつも二つの心があるからだ。
そしてまた彼の生活は節操に欠けたものだからだ。

―― ヤコボの手紙　第1章 ――

白取春彦（しらとり・はるひこ）
青森市生まれ。ベルリン自由大学で哲学・宗教・文学を学ぶ。
哲学と宗教に関する解説書の明快さには定評がある。主な著書に『ビジネスマンのための「聖書」入門』『勉学術』『頭がよくなる思考術』（以上、ディスカヴァー・トゥエンティワン）、『考えすぎない思考術　成功体質になる24の習慣』（宝島社）、『仏教「超」入門』（PHP文庫）など多数。

超訳　聖書の言葉
2011年6月25日　第1刷発行

著　者　白取春彦
発行人　見城 徹
編集人　福島広司

GENTOSHA

発行所　株式会社 幻冬舎
〒151-0051　東京都渋谷区千駄ヶ谷4-9-7
電話　03(5411)6211（編集）
03(5411)6222（営業）
振替00120-8-767643
印刷・製本所：中央精版印刷株式会社

検印廃止

ISBN978-4-344-02007-8　C0095
幻冬舎ホームページアドレス　http://www.gentosha.co.jp/

この本に関するご意見・ご感想をメールでお寄せいただく場合は、
comment@gentosha.co.jpまで。